Harald Süß

Deutsche Schreibschrift

Lesen und Schreiben lernen
Übungsbuch

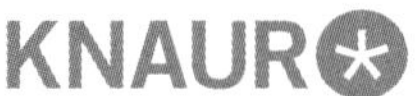

Bibliographische Information: Deutsche Nationalbibliothek
Die Deutsche Nationalbibliothek verzeichnet diese Publikation in der Deutschen Nationalbibliographie; detaillierte bibliographische Daten sind im Internet über http://dnb.d-nb.de abrufbar.

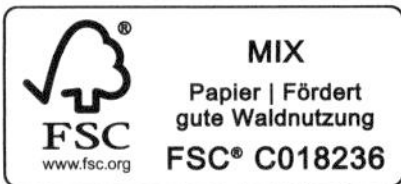

Lektorat: Manfred Braun
Umschlaggestaltung: ZERO Werbeagentur, München
Satz: Gesetzt aus 10,5/12' Trump Mediäval von Uetsch, Satztechnik GmbH, Hamburg
Druck und Bindung: Drukarnia Dimograf Sp. z o. o., Bielsko-Biała, Polen

ISBN 978-3-426-66879-5

15 14 13 12 11

Bitte besuchen Sie uns im Internet unter: **www.knaur-kreativ.de**
und auf: **www.stichundstrich.de**

Inhaltsverzeichnis

Gebrauchsanweisung

Dieses Übungsbuch ist als praktische Ergänzung zum Schreibteil des Lehrbuches „Deutsche Schreibschrift – Lesen und Schreiben lernen“ gedacht und folgt dessen Aufbau. Sie finden auf jeder linken Seite Buchstabengruppen oder Wörter zum Nachschreiben auf der freien Folgezeile. Es ist vorteilhaft, wenn Sie aber zuerst diese Wörter auf einem gesonderten Blatt üben, das Sie auf die rechte, freie Seite legen. Sie dient als Linienspiegel und kann später für weitere Übungen verwendet werden.

Den Hauptteil bildet der stufenweise Lehrgang der Offenbacher Schrift. Sie brauchen dafür eine Breitfeder in der Strichstärke von ¾ oder 1 mm. Die ersten Übungen können auch mit dem gewohnten Füllhalter oder einer Kugelspitzfeder geschrieben werden, doch sollten Sie sich bald mit der Breitfeder vertraut machen.

Die Sütterlin wird mit einer Redisfeder von ½ oder ¾ mm Strichstärke geschrieben; Sie können aber auch Kugelspitzfeder oder Füllhalter verwenden. Für die Kurrent um 1900 wird eine Spitzfeder benötigt. Diese beiden Schriften sind nur in kurzen Abschnitten behandelt.

Federarten

Breitfeder — Wechselzug

Redisfeder — Gleichzug

Kugelspitzfeder — Gleichzug

Spitzfeder — Schwellzug

Als Schreibflüssigkeit hat sich schwarze, handelsübliche Tinte bewährt. Tusche oder Scribtol sind zu dickflüssig und verkleben schnell die Federn. Bei Breit- und Redisfedern mit Tintenstauraum füllt man diesen besser mittels Pinsel oder Pipette; alle anderen Federn werden einfach eingetaucht und abgestreift.

Über die Federhaltung bei den jeweiligen Schriften geben die Abbildungen Auskunft. Die Federn dürfen während des Schreibens nicht gedreht werden und verbleiben in der anfangs eingenommenen Stellung.

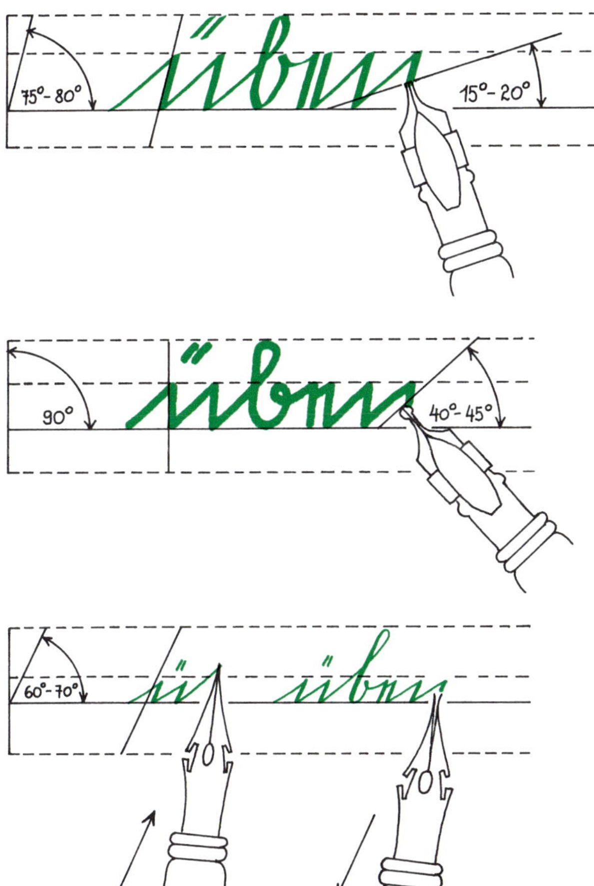

Offenbacher

Sütterlin

Kurrent um 1900

Ein Stück Papier unter der Schreibhand verhindert die sonst unvermeidliche Fettabsonderung der Haut aufs Papier.

Jede Übungsseite enthält kurzgefaßte Hinweise; für weitere Anleitung ziehe man das Lehrbuch zu Rate.

Offenbacher Schrift
Kleinbuchstaben

1 Zackenformen

siehe Lehrbuch Seite 55
Schreibgerät: Kugelspitzfeder oder Füllhalter, Federstellung 15° bis 20° zur Grundlinie.
Auf klare Winkel achten, i-Punkt, u-Bogen und Umlautzeichen erst ins fertige Wort einsetzen.

Offenbacher Schrift
Kleinbuchstaben

2 Hakenformen

siehe Lehrbuch Seite 56
Die langen Anstriche sind leicht nach rechts durchgebogen. Bei t wird einmal, bei ck und k zweimal abgesetzt.

ſ ſ ſ t t t k k k ck ck ck

miſſen ſein ſinn eſſen ſie

mit mitte iſt mutti tun te

kein kommt kuckuck kunſt

kiſſen ſinken kanten ſummen

ecke ſticken müſſen kitten

tücke necken inmitten keck

Offenbacher Schrift
Kleinbuchstaben

3 Eierformen

siehe Lehrbuch Seite 56
Schreibgerät: Breitfeder ¾ mm oder 1 mm Strichstärke. Der Kopf der Eiformen ist oben offen. Die senkrechten Abstriche dürfen das Ei nicht berühren, aber auch nicht zu weit entfernt sein.

Offenbacher Schrift
Kleinbuchstaben

4 Schleifenformen

siehe Lehrbuch Seite 56
Die Schnittpunkte der Schleifen liegen knapp unterhalb der Mittellinie bzw. oberhalb der Grundlinie. Für h gibt es zwei Schreibformen.

l l b b h h f f j j ch ch (ß)

lallen klein toll lesen alle

bö besen üben buben böse ob

affe fangen fallen oft offen

huhn hoch uhu lachen ach

jagen junge jäten juli je

achtung fast falle befehlen

Offenbacher Schrift
Kleinbuchstaben

5 Mandelformen

siehe Lehrbuch Seite 57
Die Feder darf auch bei diesen Formen nicht gedreht werden. Beachten Sie die spitz auslaufenden Grundstriche.

Offenbacher Schrift
Kleinbuchstaben

6 Rollenformen

siehe Lehrbuch Seite 57
Der Knotenpunkt des z liegt auf der halben Höhe der Mittellänge. Beim ß wird der Bogen an der Mittellinie angesetzt.

z z z z tz tz tz tz ß ß ß ß

zahl anziehen zollen zweiter

setzen katze schützen herz

süß heiß läßt straße klöße

zug kanzel kranzen schuß

satz münzen schloßstraße

hitze tanzen groß zitzen

Offenbacher Schrift
Kleinbuchstaben

7 Sonderformen

siehe Lehrbuch Seite 57
Die untere s-Rolle darf nicht bis zur Mittellinie reichen. Der Schnittpunkt des x liegt in ⅔ Höhe der Mittellänge.

Offenbacher Schrift
Großbuchstaben

1 Eierformen

siehe Lehrbuch Seite 58
Das Eirund bleibt oben offen. Auf den richtigen Abstand der Abstriche achten.

2 Kernformen

siehe Lehrbuch Seite 58
Die Kerne sollen nicht zu breit ausfallen. M mit Deckzug schreiben oder an der Mittellinie ansetzen.

3 Mandelformen

siehe Lehrbuch Seite 58
Einige Grundstriche haben einen spitzen Auslauf.

Offenbacher Schrift
Großbuchstaben

4 Rucksackformen

siehe Lehrbuch Seite 58
Der K-Bogen wird nur bis in die halbe Oberlänge geschrieben.

5 Schleifenformen

siehe Lehrbuch Seite 59
Achten Sie darauf, daß die Schleifen nicht zu eng ausfallen. Für H gibt es wieder zwei Möglichkeiten.

6 Fahnen

siehe Lehrbuch Seite 59
Der Bogen des P wird an der Mittellinie angesetzt.

7 Häkchen

siehe Lehrbuch Seite 59
Bei F können alle Buchstaben außer l an den Querstrich angeschlossen werden.

Offenbacher Schrift
Großbuchstaben

8 Sonderformen

siehe Lehrbuch Seite 59
Kopf und Unterbau des D dürfen sich nicht berühren. Der Knotenpunkt des Z liegt auf der Mittellinie.

Zahlen und Satzzeichen

siehe Lehrbuch Seite 60
Bei Trennungen den schrägen Doppelstrich verwenden. Die Ziffern reichen nur bis in die halbe Oberlänge.

Duft [illegible] Zug Dirndl Zoo

[illegible] Dackel Zahn Decker

Zahlen und Satzzeichen

D-9872, M.-Braun-Weg 53 b

Freitag, 23. Aug. 1991, 14 Uhr

Zug Nr. 53687; Fernruf 0316-981

Du? „Komm!“, (=Befehl): 1 A/7

Sütterlin

siehe Lehrbuch Seite 61 ff.
Schreibgeräte: Redisfeder ½ oder ¾ mm, Füllhalter und Kugelspitzfeder
Federhaltung: 40° bis 45° zur Grundlinie.
Die Buchstaben haben senkrechte Grundstriche, viele Rundungen sind Kreisformen. Alle Buchstaben außer E ohne Absetzen schreiben. Deckzüge sauber ausführen.

Arnold Birgit Karl Doris

Edgar Frithjof Gunda Hei-

ke Imke Jürgen Kerstin

Liebgard Max Nantwig

Otto Paul Quirin Rupert

Sylvia Traude Ulla Volker

Wolf Xaver Yvo Zäzilia

Kurrent um 1900

siehe Lehrbuch Seite 63 ff.
Schreibgerät: Spitzfeder
Federhaltung: zum Körper, möglichst parallel zu den senkrechten Grundstrichen. Schriftwinkel 60° bis 70° beachten; gewählten Winkel einhalten. Abstriche mit Druck, Aufstriche gleitend schreiben.
Für p gibt es zwei Schreibarten. An d und D kann auf verschiedene Art angeschlossen werden.

Augsburg, Bayreuth, Cottbus,

Darmstadt, Erfurt, Freiburg,

Greifswald, Hannover, Itzehoe,

Jülich, Königsberg, Leipzig,

München, Naumburg, Oppeln,

Potsdam, Quedlinburg, Rostock,

Saßnitz, Trier, Ulm, Worms,

Kurrent um 1900

(Fortsetzung)
Punktschleifen nicht zu groß schreiben. Schleifenschnittpunkte der Ober- und Unterlängen beachten. Klare Unterscheidung von e und n, g und p, d und D.

Dresden, Hanten, Ybbs, Zittau,

Ödenburg, Überlingen, Öhring,

Straßburg, Halle, Linz, Eger,

Goslar, Offenbach, Innsbruck,

Dillingen, Aachen, Dresden,

Koblenz, Rüdesheim, Weimar,

Znaim, Pirna, Köln, Chemnitz.